JN408993

서리꽃

서리꽃

이 상 구 시집

도서출판 천우

시인의 말

겨울이 오면 봄이 오는 대자연의 순리와 같이 문학에 대한 꿈을 접지 못하고 긴 삶의 힘겨운 여정을 걸어온 결과 늦깎이라도 등단을 하게 되었습니다.

첫 시집까지 발간하게 되었음은 오로지 나태해져 꿈을 포기하려는 나를 열심히 격려하며 지도해 주신 선생님들과 성원해 준 문우들의 공이 크지 않을 수 없습니다.

따라서 꿈이 이루어졌어도 앞으로도 계속 열심히 더 정진할 수 있도록 도와주시기를 바랍니다. 감사합니다.

2020년 10월

이상구

제 1 부

서리꽃

제2부

하얀 웃음꽃

제3부

달려만 가는 세월

제4부

켜켜이 쌓인 그리움

제1부

서리꽃

가을 연가

밭일 바빴던 늦더위 산골 하루
열매들이 튼실하게 익어가고
자지러지게 울던 매미 소리 그치자
처서도 지나 서늘해진 저녁 바람
어둠을 불러 주위가 고즈넉이 물들면
귀뚜라미 귀뚤귀뚤 반주에
반짝반짝 춤추는 반딧불

마당에 피워놓은 모깃불 연기
자욱이 퍼지는
꿀맛 같은 멍석 위 저녁상
오순도순 꽃피워지는
식구들 정담 엿듣고자
훤히 솟아오르는 보름달

손뼉 치는 손녀 재롱 따라
덩달아 꼬리치며 뛰는 강아지
허허 너털웃음 짓는 할아버지
성큼 찾아온 가을도 익어가는가

개망초

녹음이 짙어져 진초록
울타리 넝쿨에 더운 바람이 피워
매달린 장미
무희가 빙글빙글 춤을 추며 돌아가는
붉은 무도복처럼 화려하고

새근새근 잠자는 동그란 아기 입술처럼
앙증맞고 고운 너의 모습
모락모락 올라오는 향기에
넋까지 잃을까 봐

개구쟁이들 물장구치는
실개천 언덕을 보니
화려하지도 않고
너무 작아 사랑받지 못하지만
애처로운 눈길을 보낸다
무리 지어 핀 하얀 개망초

겨울 숲길

뒤척이는 깊은 밤
잠 못 이뤄 쌓이는 함박눈 무게로
소나무 가지 꺾이는 소리
간간이 들릴 때

잠자던 멧비둘기
화들짝 놀라
날갯짓 끝나면

적막에 짓눌려
모든 길이 멈춰버린
고독과 함께 홀로 걸어야 하는
고달픈 길

겨울 숲길 슬픔을 먹고 자란
희미한 별빛 삼아
앞서가는 임 모습

고향에 가보니

세월에 몸은 야위어가지만
삶의 흔적마저 지우지 못해
어린 시절 흙냄새 못 잊어 찾아간
내 고향 충청도 서천

한여름 매미 소리 자지러지던 동구 밖 느티나무
야산 자락까지 난개발로 사라지고
철없이 뛰놀던 만만한 골목길에
어느새 자동차가 질주하고
낯선 집들이 비비고 들어서 있다

울타리 너머로 이웃 정 나누던
훈훈하고 정겹던 동네 인심
아련하게 되살아나는데

어두운 차창에 어른거리는 그리운 얼굴들
자금은 죽었는지 살았는지
귀성길 차 창가에 안부를 물어본다

꽃 등불

고향 떠난 오랜 세월
십 리 길 걸어 학교 다녔던 어린 시절
소식 없는 친구가 보고 싶을 때

그리운 모습 떠올라
무작정 옛 산촌 길 찾아 떠났는데

어둠이 앞을 막아 길 잃고 헤매다가
새하얀 목련꽃 한 송이
나를 부르는 반가운 소리
찾아갔던 밤길 밝혀주었네

달밤

앞산 위로 떠 오른 밝은 달
함께 볼 수 있는 그곳에서도
때로는 잊고 살았던 사연들이 사무쳐
잠 못 이루는 긴긴밤

불을 끈 창문을 여니
적막한 달빛 따라 방안 가득히 들어온
살랑살랑 흔들리는 가로수 잎

그림자가 불러들인
애틋한 그리움에 지쳐
약속한 당신
살포시 주어진 꿈속에서나마
손 한번 잡아주지 않는다

동반자

축 처진 호박잎처럼
한 여름 뙤약볕
생기 잃은 나에게
당신은 분에 넘친 힘이었습니다

버려진 개처럼
길 잃고 헤매는
방황하는 나에게
손을 내밀었습니다

캄캄한 바다에 떠도는 배처럼
풍랑에 밧줄 끊어져
갈 곳 잃은 나에게
한 줄기 등불이었습니다

멀리 떨어졌어도
아물거리는 아지랑이처럼
바라볼 수만 있으면
눈물 글썽이게 하는 행복이었습니다

복사꽃

살랑살랑 봄바람에
봉긋봉긋 피어오르는 꽃봉오리
가녀린 꽃잎

기나긴 추위를 견디며
손꼽아 기다리던
화사한 계절

겨우내 굳어진 가슴
반짝이는 아침 이슬 받아
촉촉이 적셔 주려고
부르지 않아도
소리 없이 다가온 고운 자태

꽃잎 지기 전 새싹 틔우며
긴 기지개 켜는 원둣빛 나뭇가지

빈손으로 보내기 싫어
속내 풀어 놓고 기대고픈
아지랑이 어른거리는 하늘
따사로운 봄 햇살 아래
내음 깊이 스며드는
연분홍 복사꽃 뒷동산

사랑

애타게 찾아보아도
보이지 않던 간절한 소망
하얀 눈밭에 숯덩이 가슴 된
지난날 고통

긴긴 겨울 인생 그리움에 목말라
잠 못 이뤄 눈물 젖은 밤
이런 날이 찾아올 줄
어떻게 알 수 있겠는가

손 모아 기도드려도
참고 기다리라는 하느님
순간 갑자기 밝아진 동녘 하늘

너울너울 춤추며 다가온
하얀 천사가 보낸듯
꿈인지 생시인지 모를
너무도 애타게 기다렸던
황홀한 사랑

소리 없이 살며시 찾아와
내 가슴에 안기네

상처

아픔에 시달리는
나날은 뽑아버리고 싶어도
뽑히지 않는 목에 박힌 가시

고통에 시달리는 나날은
지우고 싶어도 지워지지 않는
가슴에 새겨진 주홍 글씨

서리꽃

은빛 억새 율동 따라
풍겨오는 늦가을 내음
시리도록 투명한 파아란 하늘을
잿빛으로 덮어

소리 없이 내린 밤비
비에 젖은 낙엽을
보송보송 말려주려는
따스한 햇살 밀어내고
싸늘하게 부는 바람에
바르르 떠는 낙엽이
꽃비처럼 켜켜이 쌓여

빈 가지 붉게 물들이고
수정처럼 반짝이는
하얀 서리꽃이 피었다

성묘

매미 소리 잦아들자 스산한 바람 불고
노란 국화 피는 계절
당신이 떠난 문턱
좋아하던 국화 한 다발 안고 오니
애처롭게 맨발로 마중 나왔소
자주 들리지 못한다고 서운한 생각 마오

당신 손 잡고 앉아
흘러간 세월 그리움 나누고자
애타게 둘러봐도 보이지 않아

차마 떨어지지 않는 발걸음
혼자 두고 가는 서글픔
쓸쓸한 봉분만 어루만져 보았소
다시 찾을 때까지 기다려주오

약속

빼꾸기 울음소리 아스라이 들려오던
그해 늦은 봄날
우리 합장할 땅 보러
당신과 손잡고
묘지에 찾아가 잡은 터
산자락 감싸고 야트막한 남향
한겨울에도 포근한 햇살 비추는 곳이었지

여린 풀밭에 앉아 잊혔던
애 서린 지난 시절 돌아보고
민들레 홀씨 하늘에 날리며
'우리도 이렇게 한날한시에 날아가오'
당신과 말했던 자리

노란 민들레꽃
아직 홀씨 아직 없어
날지 못하고
이름 모를 나비 한 마리
나를 맴돌다

어머니의 꽃

한평생 옷이 맞지 않는다며
어머니에게 타박만 했는데
타박이 쌓여 원망이 되고
원망이 미움으로 변해
가슴 태우는 상처만 안겨드렸다

어머니는 일생 동안
고통을 안으로 삭이는 희생으로
일생 퍼주어도 모자람만 남는
끝없는 자식 사랑으로
외롭게 늙으셨는데

어머니가 떠나신 후
원망의 텃밭에 화환의 씨앗을 심어
씨앗이 싹이 트고 새하얀 꽃을 피웠는데
나는 이 아스라한 꽃을 어머니께 바치며
내 굳어진 무릎을 꿇는다

임이 오시는가

아득히 멀어져 간 세월 저편에
낭랑한 목소리로
선생님 피아노 반주 따라
불렀던 가곡

화석처럼 굳어져
삭막해진 가슴 틈새로
촉촉한 노랫소리가
스며드는 행복

빨라서 짧아진 아쉬운 시간
거대한 몸속에 그냥 두지 않고
다시 가두며

창밖에 차가운 겨울비가
소리 없이 내리지만
애틋한 실버합창단 노래 여운이
포근히 감싸준다

철쭉꽃

빨강, 연분홍, 하얀 색깔이 어우러져
철 늦은 꽃샘추위 견디고
길게 늘어선 꽃길

집집마다 열 형제씩
별집에서 오순도순
봄을 즐기는 동네

아! 숨 막히는 탄성과 함께
대문 활짝 열어젖히며 환호성
우리 모습이 얼마나 아름다운지
미처 몰랐다고

서로 사진 찍어 달라고
휴대폰 들여대는 길손
치는 박수로 피는 웃음꽃

첫눈

겨울이
미처 피할 틈도 없이
가을을 밀어내자
소복소복 첫눈이 쌓여
뒷산 자락 분단장하고
앞 들판 새하얀 목화솜 이불을 펴면

가을은 사정 한번 못 해보고
내년에 다시 보자며
두 손 흔들고
속절없이 떠났구나

첫눈은
설편 가루처럼 때 묻지 않은 곳을 찾아
사랑의 발자국을 내서
추억을 남기고자
기다리는 연인들에게나
눈물 나게 고달픈 세상살이에
지친 사람들에게
포근히 안아주려고 내린다

추상(追想)

살을 에는 찬 바람으로
거리는 움츠러든 행인뿐
온 천지가 얼어붙어
어느 한 곳 의지할 데 없는
아직 봄소식은 멀기만 한데

한 가닥 지푸라기라도
잡아야 했던
지친 몸을
봄볕처럼 따스한 손으로 잡아주며
힘을 실어주던 그대

무거운 발걸음을 옮기면서
뒤돌아보는
화사한 벚꽃이 피기 시작한
그해 봄날

하늘나라

파아란 그리움 살포시 깔린 길로
한 아름의 사랑을
뭉게구름 한 잎에 싸 가지고
쇠기러기 날개 달아
꿈결에 가 본 아스라한 하늘나라
두둥실 따라가 볼까

올 때는 무지개 타고 오려 하지만
억겁의 세월 수많은 사람 갔어도
그리운 내 사랑 오는 길이 없구나

환영(幻影)

달빛 받아
창에 비친 댓잎 그림자
마른 바람결로
흔들릴 때마다

안개처럼 자욱이 서린
애틋한 흔적들이
소소한 것에도
눈에 밟힌다

가슴 깊이 고였던
그리운 눈물이
새록새록 솟아오르면

조용히 방에 들어와
처연한 얼굴로
말없이 서 있는 당신 모습에
하얗게 지새우는 밤

후회

연두에서 초록으로 물들며
피는 빨간 장미꽃도 모르고
고통 속에 좌절하고 있을 때

어느 날 우연히 만나
처음 사랑을 알게 해준 당신
즐거운 미소가 떠나지 않는
꿈같은 시절이 지나

알 수 없는 불안에 싸이며
솔잎 새순 돋자 화려했던 장미 시들어
한 송이 두 송이 지면서
떠나려는 당신을

자존심 버리고 양보했더라면
새벽 골목 가로등처럼
외로움에 시달리지 않았을 것을

잠시만 붙잡았더라면
바람 빠진 풍선처럼
상실의 아픔을 겪지 않았을 것을

조금만 눈시울 적셨더라면
사랑이 다시 돌아
한평생 가슴 치지 않았을 것을

흑백사진 속 여인

외로움으로 쌓여진 세월이
한 알 두 알 낙엽처럼
쌀쌀한 바람결에 휘날리는 밤이면

오랫동안 잊혀졌던
보석처럼 빛났던
젊은 날이 떠올라

비단 치맛자락 끄는
빛바랜 흑백사진 속 여인
꿈길로 걸어 나와

속내 풀어놓고 기대고 싶을 때
처연한 눈빛으로
살며시 내 손을 잡고
텅 빈 가슴을
가만가만 다독여 준다

제2부

하얀 웃음꽃

가뭄과 윤활유

산등성이 찬바람이
몰고 온 늦가을 가뭄

모래알만 날리는 메마른 개울가
서걱서걱 흔들리는 억새 소리
삐걱삐걱 돌아가는 물레방아

바닥난 윤활유로
헛바퀴 도는 소리만 요란한 자동차
걸어서 가기엔 인기척 하나 없이
너무 늦고 깊은 산골

구원

정적이 찾아든 밤
은은한 달빛 속에
노란 산수유

세월이 사라진 기쁨과 슬픔을
아쉬워하며 회상의 날개를 펼 때
허둥대며 살아온 지난날의 허물이
어둡기 전 노을처럼 내려앉아

바튼 기침 소리 따라
목마른 말 끝없이 달려 지쳐갈 때
동녘 하늘로부터 살며시 내미는
낯설지 않은 손 하나

궁중 문화축제

따닥따닥 둥둥
구름 한 점 없는 파아란 하늘
온몸이 율동하는
신명나는 오고무(五鼓舞)

따닥따닥 둥둥
날렵한 고수(鼓手) 북소리
캄캄한 밤중
피난 곳 찾아가는 심장 박동 소리

따닥따닥 둥둥
콩 볶는 소리 풀잎처럼 쏟아져
꽃잎처럼 날아간
붉은 황토현(黃土峴) 고개 한(恨)의 넋을

너울너울 황홀한 부채춤 바람에
펄럭이는 치맛바람
감싸는 상처

꿈

찬란한 희망의 싹이 트고 자라
우리들의 열매가 빨갛게 익어 가면
별빛보다 더 아름다운
한 폭의 비단옷을 지어 입고

푸르고 붉은 씨줄과 날줄로 엮인
오랜 침묵의 외로움 끝에
푸른 호수처럼 맑은 꿈
이루어질 수 있다면
한 슬픔이 다른 슬픔을 잡아주면서

한 그리움이
다른 그리움의 발이 되는 날까지
나는 기다리리라
추운 길목에서라도

다시 찾아온 계절에

밝은 달밤 허술히 보내지 않고
하룻밤이라도 하얗게 지새워
튼실한 열매를 거두기 위해
아름다운 마음을 가꿀 것입니다

생명처럼 소중한 사랑을
변함없이 알뜰하게 보살펴
섬광처럼 흘러간 세월을 뒤돌아보며

나약한 방황 속에 돋아나는
허상을 굳은 믿음으로 지울 수 있습니다

젊은 열정이 사라진 자리
얄팍한 지식으로 허물 덮으려는
이기심을 밀어내서

이 가을에는 순결한 영혼의 향기 속에
한 가지라도 이루어지도록
하늘을 향해 기원할 것입니다

단비

하얀 연기처럼
푸석푸석 피는
긴 가뭄에
목 타는 산과 들

비구름 자욱하더니
밤부터 내린 단비
산뜻한 세수를 한다

사위는 고즈넉한데
초록 잎 흔드는 실바람
팔랑팔랑 간지러운 춤

여기저기 싱그러운 웃음소리
찌든 가슴속
솟구치는 청량감

두 여자

안녕하세요. 어서 오십시오
매일 만나도 변함없이
정결하고 친절한 목소리

맑은 가을 하늘에서 그린
수채화처럼 사뿐사뿐 다가온다
수줍어 살며시 고개 숙이며
은쟁반에서 옥구슬 구르는 듯
이곳으로 오십시오
두 손으로 안내하는 대기실

일을 하다 보면 힘들 때도 있지만
언제나 티끌만큼 고된 투정 없이
친절한 미소로 행복을 보살펴 주는 사람
두 여자 간호사

들국화

적막한 산골짜기 밭두렁
햇빛과 이슬과 비를 벗 삼아
청량한 솔바람 타고
외로이 핀 청조한 들국화

인적이 드무니
찾는 사람 뜸하면 어떠랴
그것이 주어진 운명인 것을

사랑하는 사람 없으면 어떠랴
그것도 운명인 것을

계절이 가고 찬 바람 불어
무서리 내릴 때가 되면
반가운 길손을 만나게 되리라

바람, 웃음 그리고 물결

잠결에 은은히 들리는
정겨움에 눈을 떠서
허공에 손 뻗어
당신 손을 잡아
바람결 타고
드넓은 초원을 달렸지요
까르르 행복한 웃음을 타고
끝없이 백사장을 달렸지요
머언 수평선 너머에서
친구들이 우리 보고
물결 타고 빨리 오라고
손짓하네요

봄 마중

보석처럼 반짝이는 살얼음 밑
산골짜기 실개천
물 흐르는 소리 실바람에 흔들리는
여우꼬리처럼 부풀어진 버들강아지

겨울잠 깬 계곡산 개구리울음
봄소식은 언제나 먼저 찾아왔다

그해 봄
나물 캐러 가는 누나 치맛자락 잡으며
봄 마중 나갔다가

강둑에 누워
새하얀 구름 한 점 쳐다보며
종달새 자장가로
꿈나라에 접어들었던
그리운 어린 시절

봄비

뜸벙뜸벙
추녀 끝 낙숫물 소리에
화들짝 방문을 여니

토방 아래 고인 빗물에
일렁이는 동그라미 너울

싸리나무 울타리 아래
샛노란 애기똥풀꽃
산들산들 춤바람

마당 옆 연초록 채마밭 상추 잎
방울방울 수정구슬
때그르르 구르는
간지러운 웃음

머언 산허리에
서리서리 감긴 자욱한 안개

비구름이 전해준
산비탈 밭뙈기 소식에
호미든 산골 할매
검은 얼굴에 핀 하얀 웃음꽃

봄이 오는가

적막했던 숲속
머나먼 바닷바람에 실려 온
매화꽃 내음에 깜짝 놀라

빈 까치둥지에서
고개 내민 뻐꾸기
골목길 아이들 해맑은 웃음에서
햇살 머물던 곳 꽃이 피고

봄바람 지나간 자리
새순 돋아 목울음대 넘어
토해내고 떠나간 님
기다림에 지친 울음소리 모른 채

싱그러워진 산과 들에
우짖는 새소리 들려야만
봄이 오는가

봄이 오는 소리

겨울을 벗어나지 못한 산속
논밭 두렁 밑 냉이, 쑥, 달래
귓속말 소근대는데

빼꼼히 열려진 '입춘대길' 대문 틈새
살금살금 다가가 들이민 눈길

한 뼘만큼 걸머진
따사로운 햇살 토방 마루
낮잠 즐기는 강아지

시샘하듯 지나가는 찬 바람에
사냥꾼에 들킨 사슴처럼
화들짝 놀란 눈망울

해맑은 까치 소리 맞춰
멧새들 활기찬 날갯짓
차마 되돌아서지 못하는 봄기운

산책길에서

연분홍 진달래가 산 그림자 아래서
조용히 피어나던 날

봄비 소식 없어 뿌리내리지 못해
배고파 고통스런 모습
저러다 꽃은커녕
잎마저 제대로 싹이 틀는지

아파트 숲 산책길 가로수 사이사이
새로 만든 꽃밭에 정든 고향 등지고
낯선 타향에 이사 온
메마른 잎 개나리

참고 기다리면
꽃피울 날 올 것이라고
다독이는 어른 나무 측은한 눈길에
희망 갖는 어린 개나리

소망

나는 알았어요
당신을 알게 되면서
사랑이 무엇이며
행복도 찾아온다는 것을

나는 알았어요
행복을 누리게 되니
세월이 빠르다는 것을

나는 알았어요
당신과 한마음으로
의지하게 되면서
얼마나 소중한 사람인가를 알아
건강을 챙겨주어야 되겠다는 것을

나는 깨달았어요
얼마 남지 않은 시간일지라도
이 세상 끝날 때까지
목숨을 다 바쳐
사랑하면서 행복하게
살아야겠다는 것을

신문 배달부

이웃들이 고이 잠든 새벽
어둠이 채 가시지도 전에
어렴풋이 들려오는 발자국 소리
복도 현관 앞
툭 하고 떨어지는 소리에
귀가 열린다

시간에 쫓겨서인지
추우니 빨리 데리고 들어가라며
재촉하는 종종걸음
돌아가는 기척이 들리면
반가움에 선뜻 쫓아 나간다
매일 메일 새 소식을
기다리는 손님에게
즐거운 하루를 열어주는
고마운 사람

아침 산책길
— 대공원 호숫가

아직 차가운 이른 봄 아침
호숫가 의자에 앉아

햇살에 반짝이는 보석이
일렁이는 물결을 타는
모습을 보며

찾아주는 한 사람 없는
적막한 공원 물가
흔들리는 메마른 갈대를

지난날 가슴에 묻은 채
무심히 세월을 보내다가

이제 와서 너를 다시 보니
외로움이 무엇인지 알겠구나

웃음꽃

목마른
산천은 어떻게 참았을까
그 몇 달
산과 들을 촉촉이 적셔주는 봄이
봄바람에 산들산들 춤추는
해갈의 즐거운 순간
연둣빛 나뭇잎에
눈송이처럼 날리는 꽃잎
꽃 가지 흔드는 새들이 날자
멧비둘기 짝 부르는 소리
이슬비 내리는 봄날에는
척박한 마음 갈아엎어
깊이 박힌 근심 걷어내
행복 꽃씨 심어서
코로 맡고 귀로 들어
마음으로 음미하는 꽃향기로
웃음꽃이 피었으면

잡초

납작 엎드리고 뿌리내려
끝없는 발에 밟혀 굳어진 길가에
아픈 상처 참으며
초록의 끈을 놓지 않는 너

타들어 가는 여름 가뭄
살을 에는 겨울 추위를 견디며
다시 일어서는 너

너무 흔해서 천하게 여겨져
거들떠보지 않아
가장 낮은 자세로
사계절 변치 않는
끈질긴 생명력

한 무리는 아니지만
색깔이 다른 물감 섞어 놓은 그림처럼
그날을 위해 서로 보듬어 주는 잡초

장미

지난날 남몰래 비 맞고 여기와
붉은 심장으로 물들인 꽃잎
연지 찍은 눈부신 얼굴

훅 뿜어내는
꽃향기로 몸 적셔
황홀하게 취할 수 있겠구나

홀로 보내지 못해 아쉬워
해마다 새롭게 다가오는 5월 장미
별빛 쏟아지는 밤에
한 줄기 바람에 실려
함께 떠나고 싶구나

행복

새벽닭 울며
먼동이 트이면
긴 어둠 장막 걷혀
칙칙한 옷 벗으니

헐벗은 숲 고갯길
욕망의 덫에 갇혀
목놓아 불렀던 노래
사라지면서

거름 날라 붓자
단비 내려
비옥해진
산비탈 척박했던 텃밭

소중한 작은 인연 씨 뿌려
새싹 꽃피우니
다시 찾아온 행복

희망

끝없는 벼랑 아래로 추락하며
더듬는 황혼일지라도

고통을 먹고
어둠을 몰아내는 햇빛은
해가 뜨는 아침으로
꿈이라도 좋은 행복을 그리며

살아 있는 동안
희망의 돛을 거두지 않고
순풍의 길을 찾을 때
구름과 바람도 노래가 되면

먼동이 트리라는 믿음 하나로
눈보라 끝에 꽃봉오리 터트리는
눈부신 홍매처럼 삶은 빛난다

제3부

달려만 가는 세월

가을인가

늦더위 업고 설치던 여름
작별 인사 한마디 없이
대문 열고 사라진 지 어제 같은데

창틈으로 들어온 소슬바람
아침저녁 선선함을 느끼면서

성큼한 벚나무
날씨 따라 물들어가는
붉고 노란색 한두 잎
낙엽으로 지는 가을도 깊어지지만

속내 풀어 놓고 울고 싶어질 때
마음대로 울 수 없는
목울음대로 높아만 가는
하늘만 쳐다보겠지

가보지 못한 길

차가운 달빛 아래
쥐 죽은 듯 교교한 늦가을
깊은 밤처럼
칠흑 같은 어둠으로 짓눌려진 세월 속에서

한평생 말라 버린 줄 알았던
어느 날 갑자기 퍼도 퍼도
샘솟듯이 솟는 사랑

살며시 뒷문으로 찾아 들어온 순간
출렁이던 파도가 잠잠해지며
붉게 물들인
찬란하게 밝아지는 동녘 하늘에서
새하얀 날개옷 걸친 천사

온화한 미소로
내 손 잡아
낯선 길로 인도하는데

길가엔 온갖 아름다운 꽃이 만발해
행복으로 가슴 벅찬 길

그 길은
기쁨과 설렘의 기대 속에서
지쳤던 삶에 찾아온
마지막 행복한 꿈을 꾸게
붙잡아 주는 당신의 손을 잡고
등불 삼아 가야 할 가보지 못한 길

강가에서

뭉게구름 타고 내려온
무더운 여름 강물 위에
낮달이 잔치를 열던 날
물속에서 끌어올린 꽃대

초록 잎 새 풀꽃들이
올망졸망 가득한데
늦 돋은 새순들이
들녘에서 뒤숭숭한 시샘으로
찌르러기 한 마리 날아와

마음은 깃털 타고
미리 뽑은 어설픈 곡조라도
파아란 하늘로
재촉하는 발걸음

일렁거려 주름진 물결 따라
박자 없이 흔들리는
많던 풀꽃 간데없고
반짝이는 풀잎들

겨울 사랑

앙상한 숲 바람이
가슴속을 쓸어 담아
산 너머 멀리 사라졌어도
외롭지 않은 것은

순백의 함박눈이 쌓인 들에서
잃어버렸던 따뜻한 사랑을
돌아 볼 수 있기 때문이다

별들이 쏟아지는
캄캄한 선달그믐 밤
멀리서 들려오는 부엉이 울음소리
헤어졌던 사람이
다시 찾아올 수 있을 것이라는
실낱같은 희망이라도
가질 수 있기에

관악산

소슬바람 따라
초록 호수 잔물결이
살랑살랑 춤을 추게 하는데

갑자기 찾아온
휘몰아치는 태풍이
발끝에서 머리끝까지
자욱이 쌓인 먼지를
씻겨 주자

구름 사이로 내민 햇빛이
열어준 아파트 거실문
탁자 앞에 망부석처럼 앉은 노인
무슨 생각 골똘히 하고 있는가

젊었을 때 하늘과 맞닿은 정상에 올라
오랜 세월 누워만 있어
굽어진 아픈 허리
밟아준 일 한 번도 없음이

때늦은 후회가 되는지
내 머리에 줄줄이 쓰고 있는 관모(冠帽)만
멀어지고 있다

다람쥐

도토리 구하러 나간 남편
덫에 걸려 끌려간 후
빈집으로 이사 와

차가운 아침 집을 나섰다
앙상한 가지 낙엽들 뒤져도
장대로 헤집고 싹쓸이했기에
보이지 않는 도토리

해는 벌써 중천인데
빈손으로 돌아가자니
어린 자식들 눈에 밟혀

배고픔이
덫보다 더 무섭게
길을 막는다

두 얼굴

큰 도로변 빌딩
현란한 간판 걸고
화려한 상품 진열해 놓은
빌딩 뒤

철거된 건물이 남긴
벽돌 조각이 어지럽게 뒹구는
달랑 트럭 한 대
주차된 공터

꽃망울 맺힌 벚나무가
서 있는 곳은
주택지였음을 말해준다

이곳에서 밀려나
흔적 없이 사라진 사람들
지금 어느 곳에서
삶의 둥지를 틀고 있을까

마지막 10월을 보내며

끝자락을 향해
멈출지 모르는 강물처럼
붙잡아도 달려만 가는 세월

아쉬움을 뒤로 한 채
머지않아 떠날 채비를 하는
황홀했던 붉은 단풍잎

희미하게 빛바랜 흑백 사진처럼
사라져가는 노을을 바라보며
가을바람도 차마 흔들지 못했던
지난날 가슴 서린 아픔

어디선가 희미하게 들려오는
가곡 이별 피아노 소리
안타까움을 생각할 틈 없이
물밀듯 밀려드는
10월의 마지막 날

막차

늦은 밤
버스 택시 기다리는 사람을 헤치며
지하철 향한
무거운 발걸음

손바닥에 휴대폰 올려놓은
학원에서 돌아가는 학생
등산 다녀오는 가방 멘 사람 틈새

깊숙이 고개 숙인
검정색 낡은 방한복 모자
초로의 승객

가불 약속 지키지 못해
포장마차 소주 한 잔으로
목에 가시 걸린 듯
아픔을 달래는 무능한 가장

기일 지난 아들 등록금 고지서
새벽 출근길에
죄지은 듯 살며시 내민 아내 만들었네

만추(晩秋)

높고 파란 하늘 쌀쌀한 날씨에
나무들 불타서 옷 벗는 숲
강 언덕 메마른 갈대
흔들며 멀어져 가면

찬 바람결에 물결치는 들녘 억새꽃
보도마다 갈 곳 없는
낙엽이 바람에 날리고

보금자리 찾아 떠나가는
쇠기러기 떼 울음
머언 산등성이
땅거미 등에 업고

끊긴 지 오래된 풀벌레 소리
수숫대처럼 야윈 얼굴로
가을이 빠져나가고 있다

무덤

삶이 어려웠던 시절
숨 쉬고 마실 수 있는 환경
소중함 모르고 착각했었다

미세먼지 폐수로
오염된 공기와 물
마스크와 생수로 살아야 하는 세상

편리와 물질의 욕망이
히죽히죽 웃으며
대량 소비와 손잡고
뒤에서 무덤을 파고 있다

밀려나는 것들

복잡한 도심의 빌딩가
한 블록 뒤편으로 들어서면
소음과 분진이 허공으로 떠밀려가는
끊임없이 부수고 파헤치는 재개발 공사장
대형 덤프트럭이 줄지어 서 있다

철거된 건물에서 쏟아져 나온 건축폐기물
폐기물 더미에 파묻힌 일상의 흔적들
옛집과 수십 년 함께 살아온
소나무 벚나무 은행나무들도
힘센 포클레인에 무참히 뽑혀 나가는구나
나무고아원도 있다던데

이곳에서 밀려난 힘없는 사람들
그 사람들이 쓰던 손때 묻는 살림살이들
변변치 못해 밀려나야 하는 작은 생명들

지금 어느 변두리 담벼락 밑에서
피곤한 삶의 둥지를 틀고 있을까

비정한 시대

어둡고 습한 곳에
색 바랜 마음 밭

소중한 것들을 무심히 버려두거나
외면으로 사라져가는 소리를
귀담아 어루만져야 하는 아쉬움

얄팍한 지식으로
가식을 덮으려는
참담하고 추운 시대를
살아야 하기에

모든 게 부족한 형편이었지만
믿음이 있었던 그 시절이 그리워도
세월의 빠름을 느낄 틈 없이

너무 멀리 달려와 되돌릴 수 없는
소주잔을 홀로 기울여야만 하는
비정한 현실을 생각한다

사월의 추억

소쩍새 구슬피 울어대는
파란 하늘 아래
연초록 숲 머언 들녘에서

흐드러지게 핀 진달래 길 따라
하얀 웃음 헤살대고
아지랑이 어른거리는 봄

화사한 벚꽃잎 따사로운 미풍에
꽃비처럼 화사한 벚꽃잎
날릴 때가 되면

신부의 화관처럼 아름다웠던
그리움만 남겨놓고 떠난
인연을 잊지 못하는
사월의 추억

산사(山寺)의 밤

높은 산봉우리 겹겹이 둘려진
깊은 산골 좁아진 하늘

길게 물든 노을 사그라지고
서산에 일찍 해져
산새들이 둥지 찾아 떠나자
비구름 퍼지면서
주위가 무거운 어둠에 눌려
고즈넉한 정적에 휩싸여 갔다

은은히 들리던 독경 소리 끝나
한쪽 귀퉁이에 떨어진 객사
추적추적 내리기 시작한 가랑비에
떨어지는 낙숫물 소리
흘러간 머언 세월 넘어
살포시 떠오르는 님
그리움에 잠 못 이룰 때

한 줄기 스쳐 가는 소슬바람으로
흔들리는 풍경 소리에
나그네는 돌아눕는다

새벽을 여는 가족 2

전세 보증금 올려달라는
어제저녁 집주인 독촉
천근 무게로 짓눌리는 것보다
두고 나온 아픈 자식 걱정

멀리 떨어진 일터 나가는
두 사람 태운
이른 새벽 변두리 종점 버스

부족한 잠에 피곤한 몸 차창 기댄
잔주름 가득 그늘진 구릿빛 얼굴

허공에 매달린 발판 헛디뎌
아차 하는 순간
이승과 저승을 넘나드는 하루

목숨 걸고 암벽 오르는 산악인처럼
사고 없는 퇴근 시간만 기다려지는
새벽 아파트 건설 현장 맞벌이 부부

섣달그믐날

텅 빈 밭고랑에 쏠린
서걱거리는 낙엽 위에
내린 하얀 함박눈이
발이 빠지도록
쌓이는 밤

할머니
옛날이야기 소리에
무릎 벤 손자
스르르 꿈나라 접어들 때
먼 아랫마을 개 짖는 소리

돈 벌러 객지로 떠난 자식 생각에
한결 잦아진 기침으로
주름진 얼굴 더 깊어만 간다

이룰 수 없는 꿈

변두리 한적한 야산
외솔길 가 산벚나무
추위에 오들오들 떠는
빛바랜 잎새 하나

비우지 못한 미련으로
화려함이 깃들었던 빈 가지에 매달려
흘려보낸 아쉬운 계절인데
혼이 되어 떠난 지 오래된 이웃

한차례 부는 칼바람에
맥없이 손을 놓아버릴 때

간간이 들리던 부엉이 소리
소복소복 밤새 내려 쌓인
목화밭 새하얀 눈에 묻힌
다시 이루고 싶었던
낙엽의 간절한 소원

집

공기마저 무겁게 가라앉은
넓은 폐허 속 적막한 동네

오후 길게 울린 닭 울음소리
흔들린 시간 공간 깨어난 감각
마을 입구에서 시작된 좁은 네 갈래 길

시래기 긴 발처럼 길게 버려진 빨래
계단 아래 쌓인 연탄에서
아직도 떠나지 못한 두 가구 흔적

사람 살던 곳에 사람 없는
닭장 너머 마당
누군가를 축하하는
포장지 뜯긴 과일 바구니

흘러간 아이들 웃고 떠드는 소리
무너지지 않고 위태로운 두 집 담장에
붙여진 강제 집행 예고장

시멘트와 콘크리트 더미 옆
딱 십 년만 더 살고 싶다는
건너편 고층 아파트 바라보는 노인

타향살이

4층 식당에서 내려다보이는
네모진 유리창 너머
도심 속 작은 휴식 공간

오고 가는 행인에 환한 미소를 주는
들국화 피었던 화단에
한 달 두 달 내려앉아 쌓이는
플라타너스 가로수 낙엽

차가워진 서릿바람 볼 때마다
타향살이 서러운데
사진틀 속 그림처럼
마음대로 움직일 수 없이
채워진 족쇄 때문에

갈 곳 없어도 가야 하고
오라는 곳 있어도 가지 못하는
모정(茅亭)에 앉아 있는 두 노인
헐벗는 나뭇가지만 바라본다

한가위

연년생 팔 남매
아들 하나 얻고자 키웠다
살길 찾아 객지로 뿔뿔이 떠나
소식 없는 딸 하나

귀성길 기다리느라
집 밖에서 서성이며
동구 쪽 향한 눈길 떼지 못하는
어머니

어둠 깔려
보이지 않을 때까지
차마 돌려지지 않는 발길 무겁다

제4부

켜켜이 쌓인 그리움

그리움만 남기고 떠난 계절

무더위에 피난 갔던 그해 여름
끝없이 파도 따라 움직이는 바닷가 금모래

시원한 바닷바람 탄 갈매기 노랫소리
소라껍질 속에 채워진 애틋한 사연
황홀한 붉은 석양으로 물든
철썩이는 파도 따라
귀 기울이고 확 트인 수평선

사라지는 모래 발자국 아쉬워하며
메아리 없는 푸른 하늘 향해
만선 꿈을 낚는 어부들
밤새워 소원 빌었다

창문에 비친 보름달 속엔
다시 가보고 싶은 머나먼 곳
풍선처럼 부푼 마음엔
그리움만 남기고 떠난 여름이 보인다

나무야 나무야

뿌리를 땅속에 단단히 박고 있는
나무는
비바람이 불고
혹독한 가뭄을 겪어도
어려운 환경을 견디지만
뿌리가 흔들리면
살기 어렵다

여리고 가는 뿌리 털끝은
표면적을 넓히고
효과적으로 수분을 흡수하며
생명을 유지하기 위해서
큰 바위 앞에서도 좌절하지 않고
실낱같은 틈새를 찾아 들어간다

봄이면 어김없이 싱그러운 새순이 돋고
여름엔 녹음이 우거져 풍성하며
가을이면 아름답게 물들고
겨울을 굳건히 이겨
어떤 어려움도 버텨서
생명수 순환이 잘되어
매년 화려한 새봄을 맞는 영원한 나무이기를 바란다

낙화(落花)

해가 지면 밤이 오듯
꽃이 시들면
한두 마리 벌 나비 찾았다가
빈손으로 떠난 후
발길 끊겨

이슬만 촉촉이 젖어도
무게를 지탱 못 해
바람 없이도 지고 나면

화려했던 지난날 아쉬움도
모두 사라져
남는 것은

메마른 줄기에 매달렸던
흔적이 주는 상처뿐

녹슬은 기찻길

봄은 아직 이른 계절
허리 굽혀야 보이는
파릇파릇 돋은 연초록 작디작은 새싹들
벌써 기지개를 켜고 있는데

끊어진 허리 동여매고자
비무장 지대를 뚫고
다시 달리고 싶어 몸부림치며
북쪽을 향해 길게 누운
녹슬은 기찻길

혼자서는 외로운지
길동무 삼아 환송 받으려고
만든 수목원

우리가 언제 갈라져
부모 형제 만나지 못한 때 있었느냐며
언젠가는 반드시 기차가 떠나는
희망을 가지라고
따사로운 눈길로
가만히 잡아준 손

늦더위

미련 못 버린 더위가
처서가 지난 지 언제인데
어둠을 휘저으며 심통 부려
밤새 설친 잠 깨고 보니

산허리 휘휘 두른 자욱한 안개 숲
진초록 잎새에 반짝이는 수정구슬
산뜻한 세수 끝나자 밝아오는 동녘

새털구름 비단치맛자락
분홍빛 물들고 짙푸른 하늘 바다
이슬 젖은 새 떼들 몸 터는 날갯짓에
선선해지는가 싶더니

여전히 물러가지 않는
후끈거려 숨 막히는 늦더위
어느덧 솟은 해는 중천

목련꽃 필 무렵

솟아오르는 생명 소곤대고
꽃향기 그윽이 스며든
따사로운 봄 햇살 언덕
스르르 눈을 감게 하는 4월이 오면

새하얀 목련꽃 한 송이 손에 든
아름다운 신부처럼
환한 미소로 올라오던
아스라이 떠오르는
호젓한 뒷동산 고갯길

머리에 흰 서리 내리면 만나자던
녹아드는 솜사탕처럼
감미로운 시절

남은 세월 짧기만 한데
켜켜이 쌓인 그리움으로만 남아
소식 없이 기다려지는 그대

달 밝은 밤
목련꽃 핀 나무 한 그루
가만히 안아본다

봄날

한때 사랑했던 정든 그 노래
'봄날은 간다'
검은 눈 속에 선연히 살아나
강물처럼 가슴이 철렁일 때

낯선 길로만 가려는 노래를
따라가지 못해
민들레 홀씨 홀로 날아가면

산 넘어 고개 넘어
연분홍빛 산골짝
변하지 않는 계절로
꽃이 지지 않는
그리운 마을 피어난다

봄의 교향악

산골짜기 얼음 밑으로 새어 나오는 물소리에
여우꼬리처럼 부풀은 버들가지
툭툭 치며 지나는 봄바람 소리로
잠을 깬 옹달샘 가
계곡산 개구리 기지개로부터
봄은 시작되어

천둥소리에 나뭇가지 틈에서
깜짝 놀란 애벌레들이
따스한 햇살과 살가운 비를 부르면
할미꽃 축복 속에 갓 태어난 메뚜기
뜀 연습하던
아스라한 그해 봄날

연두색 풀밭
내 무릎 베고 누워
'봄의 교향악이 울려 퍼지는….'
눈을 감고 가만가만 불렀던
당신의 콧노래
사우곡(思友曲) 이었지

사라진 상징

누군가 뿌려준 모이
어제 먹던 기억 따라
친구까지 데려와

푸드득푸드득 오르락내리락
인기척 피해
빈 보도블록 아스팔트 길
부지런히 쪼아대지만

병에 걸려 구부러진 발가락
닳아버린 부리
입에 들어가는 것은

소화에 도움 준다는
모래 알갱이뿐
'모이 주지 마시오' 표지판 앞
비둘기는 애틋하기만 하다

산책길 여인

산책길에서 자주 마주치는
강아지와 함께한 사람
보이지 않는 날이면
병났나
이사 갔을까 궁금했던

안녕하세요
가버린 아득한 그날
달빛 내려앉아 처연했던 목소리
화들짝 고개 드니
신비스러운 미소의 보름달 얼굴
한순간 덮였던 안개구름 걷히네

숨 막히는 붉은 찔레꽃 향기
연초록 숲속
소곤소곤 강아지와 정답게
사분사분 꽃길 따라
멀어져 가는 뒷모습

내일이 기다려지는
산책길 여인

샛길

황홀한 빛깔
무리 지어 핀 꽃
등산길

머나먼 고향 뒷동산
누워서 맡았던 향기 따라간
발길 뜸한 샛길
외진 곳에 핀 꽃 한 무리
저를 보고 가란다

사랑받지 못해
색깔 곱지 못하지만
측은한 생각에
가만히 보듬어 본 붉은 철쭉꽃
한 자락 외로움을 묻혀 간다

세월

거침없이 흐르는 가파른 계곡
바위에 부딪치고
굴곡진 산비탈 돌아
자갈밭 밟으며

가야 할 먼 길 지칠 때
길고 짧은 벗들과 함께 넓혀진 길
고운 노래 퍼지는
희망의 물결 넘실대는 것도 잠시

날은 저문 데
다시 불어대는 바람에
마음 떠난 여인처럼
돌아선 시간 앞에
상처뿐인 무거운 몸
길 잃은 안갯속 헤매다가

반짝이는 반딧불로
갈매기 축복 속
광활한 품에 안겨
사색의 나래 펴니
기쁨과 슬픔이 뒤범벅된

지난날 거스를 수 없는 자연의 순리대로
바삐 흘러간 세월에
허허로워진 가슴

세모(歲暮)

열병을 앓듯 치열했던 젊음
옛길에 만나 사라진 흔적들 더듬어
그리움이라도 건져
백지에 그려보자

양지바른 뜨락에 홀로 들어가
회상의 날개를 펴
시들어간 황혼의 그늘 속
자신을 바라보는데

어둑해진 한 해의 끝자락이
허공으로 사라지는 소리가
찬바람이 스산해져
향수를 불러들인다

소원

빈 마음 밭에
사슴처럼 긴 목 치켜든 채
언 손발 녹여주려
새벽닭 울기까지
밤새껏 티끌 하나 없이
짜 놓은 하얀 목화 솜이불

보이지 않는 님 때문에
타들어 가는 가슴
식힐 방법 없는데

심술궂은 칼바람에게 빌어본다
늦게라도 오시는 길
따뜻하게 감싸 달라고

신기루

잡히지 않는 공기처럼
쥐어지지 않는 물처럼
안타까운 마음

끝까지 가려 계속 걷는데
이상도 이하도 아닌 허탈감

석양이 붉게 물들인 지평선
홀연히 나타난 아름다운 궁전
하늘하늘 날리는 옷자락

정신없이 달려가 보니
사라지는 신기루

우렁각시

책갈피에 끼워 놓은
붉은 벚나무 메말라진
낙엽 구멍으로 들여다본
파아란 하늘

가슴 보다 더 따뜻했던 반가운 얼굴
아스라이 멀어져 간 세월 저편에서
어서 오라고 손짓한다

추수 끝난 논바닥 뒤져
우렁 한 그릇씩 채워지는 재미에
해 기우는지 모르다가

가득 모아진 바구니 들고
손잡아 논두렁 내달리며
콧노래 부르던 누이

놓칠세라 꽉 잡은
치맛자락 펄럭이는 저녁 안갯속
마을 앞 개천 둑길 마중 나온 어머니

내 어찌 잊을 수 있겠는가
많이 잡았다고 자랑하던
고운 목소리를

이별

코스모스
갈바람에 기대어
하늘하늘 흔들리고

가을 옷으로 갈아입는
바스락바스락 소리
찬바람에 날려
소복하게 쌓인 낙엽

사랑이 무엇인지
처음으로 알려 줄
당신은 하나의 신기루
힘없이 무너진 바벨탑

풋풋한 젊은 날
무지갯빛 꿈으로
별빛처럼 영롱히 빛났던
그 설렘이 떠올라
하늘 높이 날아가는
한 무리 가을숲 철새처럼

처연한 기억 저편으로
소리 없이 사라지는
서글픈 이별이 되겠지

잃어버린 시절

가득했던 시간들이
소리 없이 새고 있는 금 간 옹기
때우는 고난 속에서
푸석푸석 먼지만 날리는 황무지에
밤새 내린 비로 가려진
풍요로운 수확은
착각에서 오는 빈껍데기

흘러간 길에서
젊음을 가져간 대신
기쁨과 슬픔으로
쌓여진 것들이 그리워지며
솔솔 풍기는 노란 국화꽃 향기가
청량한 가을 하늘 아래
안개처럼 빈자리를 채워 준다

지하 다방

서녘 노을 붉게 물들어
더위가 가셔 선선해질 때
왼종일 일에 시달려 지친 몸으로
찾아간 담쟁이넝쿨
끈질기게 기어오르는 붉은 벽돌담 집
옛날의 지하 다방

눈을 감으면 LP 음반에서
흘러나오는 애잔한 옛 노래에
날개 달아 훨훨 세월을 넘는다

희미한 불빛 아래에
커피 한 잔씩 시켜놓고
가슴속까지 맑아 정겨웠는데

가벼운 젊음의 삶으로 깊은 맛을 몰랐지만
사연이라도 있어 다행이라 여겨질 때
갑자기 낯설어진 환경들이
다시 음반에서 아우성치며 달려든다

친구여 세월이 가면

시도 때도 없이 울컥울컥 치미는
그리움과 연민이 어찌 잊혀지겠는가
가슴속을 후비며 다니는 것을

친구여 세월이 가면 잊혀진다고
겪어보지 않고 말하지 마라
새록새록 돋아나는 아픔을
겹겹이 쌓여진 사연들이기에
아스라이 흘러간 하루하루 일지라도
어찌 그리 쉽게 잊혀지겠는가

꿈속에서라도 내려와
해맑은 미소로 내 손 한 번
잡아주지 않는 야속한 당신 때문에
지우려 캄캄한 밤거리 헤매는데
긴긴 겨울밤 잠 못 이뤄
베갯머리 눈물 적시는 것을
어찌 그리 쉽게 잊혀지겠는가

코스모스

한적한 산골
드높은 하늘
낙엽 실은 흰 구름
흐르는 시냇물 가 언덕에
무리 지어 핀 코스모스
연분홍 꽃잎으로 핀
눈에 선한
자태를 잊을 수가 없어
켜켜이 쌓여진 서러운 사연들이
바람결에 하늘하늘 흔들리는
고운 자리 간직한 채
가을 햇살 엷어지기 전에
정처 없이 떠나가는 나그네

한 송이 민들레꽃

후미진 산골
외솔길 섶
무엇이 그리 반가운지
방긋 웃고 있는
민들레꽃 한 송이

알알이 맺힌 설음
풀길 없어도
숙명처럼
그저 그런대로 피어서

하얀 솜털 꽃씨 날개 달아
하늘 높이 흩날리며
슬픈 봄을 보낸다

함박눈 내리던 날

연일 강추위로
몇십 년 만에 갈아치운
한강 결빙 기록

몸과 마음이
움츠러들 때
높다란 하늘에서

끝없이 내리는
솜털 같은 함박눈이
끝없이 내려

오들오들 떠는 나목들
따뜻한 외투로 갈아입힌다

낯설어진 시대
얼어붙은 마음을
녹여 주려 함박눈이 내린다

시인의 사랑과 자아성찰(自我省察)

— 이상구 시집 『서리꽃』 해설

윤제철(시인 · 문학평론가)

1. 들어가는 글

세상에는 많은 사람들이 살고 있지만 다 똑같은 사람이 아니다. 남들이 자신의 이익을 위해 모든 수단과 방법을 가리지 않고 동원하는 걸 알면서도 양심을 생명보다 더 소중하게 여기는 사람도 있다. 예민한 감각과 풍부한 상상력을 갖추고 티 없이 맑은 영혼을 지닌 시인을 만나는 것은 행운이었다. 이상구 시인을 자주 만나다가 그렇지 못했다. 코로나19 동란을 무릅쓰고 한 끼의 식사를 주문 배달하여 나눈 자리에서 그 와중에 심경을 토로한 시를 묶어 시집을 내겠다는 말씀을 하시면서 원고가 담긴 봉투를 주셨다.

같은 또래의 나이에 생업을 퇴임하고 쉬는 사람들이 태반인데 만나고 싶은 사람들과 허심탄회한 대화를 주고받으며 소통하는 즐거움을 누리셨다. 뿐만 아니라 시간적 여유가 없어 못 한 일들마저 아직 손에서 놓으신 것이 없다.

시(詩)를 쓰시기 이전에 벌써부터 소설(小說)로 등단한 소설가로써 정서나 사상 따위를 운율을 지닌 함축적 언어로 표현하려 다독(多讀), 다작(多作) 다상량(多商量) 3다(三多)를 실천하는 데 앞장서고 있다. 인생 2모작에 온갖 정성을 다하는 아름다운 모습이 부럽기만 하다.

시들은 1부는 서리꽃, 2부는 하얀 웃음꽃, 3부는 달려만 가는 세월, 4부는 켜켜이 쌓인 그리움으로 나누어져 있다. 이상구 시인의 시를 먼저 읽을 수 있는 영예를 기쁘게 생각하며 몇 편의 시를 만나면서 시세계를 조명하고자 한다.

2. 시인의 사랑과 자아성찰(自我省察)

① 사랑

사랑은 다른 사람을 애틋하게 그리워하고 열렬히 좋아하는 마음이다. 그러기 위해서는 사람을 아끼고 위하며 소중히 여기는 마음. 또는 그런 마음을 베풀어야 한다.

「서리꽃」에서 맺은 정이 식어가는 화자의 심란한 내면 의식의 흐름을 속속들이 파헤쳐 응어리를 쏟아내고 「환영(幻影)」에서 소소한 것에까지 잘해주지 못한 것들을 안타깝게 생각하고 가슴을 아파하며 깊은 반성에 빠진다.

「소망」에서 당신을 알고부터 알게 된 것을 다행으로 여기면서도 알기 전까지 몰랐던 까닭에 다하지 못한 사랑을 후회했다. 「아침 산책길」에서 말을 걸어주는 사람도 이야기를 들어 주는 사람도 없이 살면서 소통이 얼마나 생활에 중요한가를 모르고 가슴에 묻어두기만 한 과거의 어리석었음을 후회하였다.

은빛 억새 율동 따라
풍겨오는 늦가을 내음
시리도록 투명한 파아란 하늘을
잿빛으로 덮어

소리 없이 내린 밤비
비에 젖은 낙엽을
보송보송 말려주려는
따스한 햇살 밀어내고
싸늘하게 부는 바람에
바르르 떠는 낙엽이
꽃비처럼 켜켜이 쌓여

빈 가지 붉게 물들이고
수정처럼 반짝이는
하얀 서리꽃이 피었다

—「서리꽃」 전문

서리꽃은 유리창에 서린 수증기가 얼어서 꽃처럼 엉긴 무늬를 일컫는다. 늦가을 내음이 파아란 하늘을 잿빛으로 덮어 내린 비에 젖은 낙엽이 쌓여 하얀 서리꽃을 피웠다. 한 해를 살아야 하는 화자는 가을이 되어 함께 했던 낙엽이 떨어지자 그립고 외로움으로 채워진 가슴에 눈물은 쌓인 낙엽에 떨어져 비가 되었다. 늦가을 추운 날씨로 하얗게 핀 서리꽃을 예민한 감각으로 상상력을 동원하여 은유한 감성 시로 승화되었다.

서리는 밤에 기온이 영하로 내려갈 때, 공기 중에 있는 수증기가 지면이나 땅 위의 물체 표면에 닿아서 잔얼음으로 부옇게 엉긴 것이 우리들의 마음을 더욱 짠하게 한다. 절제된 시어의 결합은 가지에 맺은 정이 식어가는 화자의 심란한 내면 의식의 흐름을 속속들이 파헤쳐 응어리를 쏟아내는 표현전략에 성공하고 있다.

달빛 받아
창에 비친 댓잎 그림자
마른 바람결로

흔들릴 때마다

안개처럼 자욱이 서린
애틋한 흔적들이
소소한 것에도
눈에 밟힌다

가슴 깊이 고였던
그리운 눈물이
새록새록 솟아오르면

조용히 방에 들어와
처연한 얼굴로
말없이 서 있는 당신 모습에
하얗게 지새우는 밤

―「환영(幻影)」 전문

환영(幻影)은 공상이나 환각에 의하여 눈앞에 있지 않은 것이 있는 것처럼 보이는 것이다. 댓잎 그림자가 흔들릴 때 애틋한 흔적이 눈에 밟히고 가슴에 고였던 눈물이 솟아오르면 처연한 얼굴로 서 있는 당신 모습에 지새우는 밤을 읊고 있다.

어려웠던 한 생애를 함께 하다 먼저 간 부인을 그리워 애틋하게 부르다 눈앞에 나타나면 그날은 슬픔을 가슴에 새겨야 했다. 화자가 생기를 잃으면 힘을,

방황하면 손을 내밀었다. 화자가 갈 길 잃으면 등불로 바라만 볼 수 있어도 행복이었다.

첫 연에서 어려웠던 생활환경을, 둘째 연에서 고통을 무릅쓴 희생, 셋째 연에서 몰려오는 그리움, 처연한 모습으로 서 있는 환영(幻影)은 소소한 것에까지 잘해주지 못한 것들을 안타깝게 생각하고 가슴을 아파하며 깊은 반성에 빠진다.

나는 알았어요
당신을 알게 되면서
사랑이 무엇이며
행복도 찾아온다는 것을

나는 알았어요
행복을 누리게 되니
세월이 빠르다는 것을

나는 알았어요
당신과 한마음으로
의지하게 되면서
얼마나 소중한 사람인가를 알아
건강을 챙겨주어야 되겠다는 것을

나는 깨달았어요
얼마 남지 않은 시간일지라도
이 세상 끝날 때까지

목숨을 다 바쳐
사랑하면서 행복하게
살아야겠다는 것을

—「소망」 전문

소망은 바라고 원하는 것이다. 그런데 살면서 소망이 무엇이었는지를 모르고 살았다. 아는 것이 없으면 모른 것이 없다는 것처럼 당신을 알게 되면서 몰랐던 것들을 많이 알게 되었다. 수많은 사람 중에 오직 하나인 당신을 화자는 좋아했고 믿었다.

당신을 알고부터 사랑과 행복을 알았다. 그리고 행복은 시간이 빨리 갔고 의지할 수 있는 소중한 사람이라는 걸 깨달았다. 이 세상 끝날 때까지 목숨을 다 바쳐 함께 살아야겠다는 것을 깨달았다. 어디 그뿐이랴 어떤 것을 다 주어도 아깝지 않다는 것을 알았다.

무엇이든 알아두면 좋다는 것을 공부를 해도 알 수가 없던 것을 당신을 알고부터 알게 된 것을 다행으로 여기면서도 알기 전까지 몰랐던 까닭에 다하지 못한 사랑을 후회했다. 화자를 훤히 들여다보며 이끌어준 당신만큼 진정 바라고 원하는 상대가 또 어디 있으랴.

아직 차가운 이른 봄 아침
호숫가 의자에 앉아

햇살에 반짝이는 보석이
일렁이는 물결을 타는
모습을 보며

찾아주는 한 사람 없는
적막한 공원 물가
흔들리는 메마른 갈대를

지난날 가슴에 묻은 채
무심히 세월을 보내다가

이제 와서 너를 다시 보니
외로움이 무엇인지 알겠구나

—「아침 산책길」 전문

대공원 아침 산책길을 거닐다가 호숫가 의자에 앉았다. 차가운 이른 봄 공원 물가 메마른 갈대를 바라다본다. 무엇에 그리 쫓겼는지 마음을 두지 못하고 외면하다 이제야 마주하는 화자는 미안하기만 하다. 찾아주는 사람 하나 없는 적막한 물가를 지키고 있다는 것이 얼마나 외로운 것인가를 비로소 알았다.

말을 걸어주는 사람도 이야기를 들어 주는 사람도

없이 살면서 소통이 얼마나 생활에 중요한가를 모르고 가슴에 묻어두기만 한 과거의 어리석었음을 후회하였다. 이게 아닌데 이게 아닌데 마음속으로 되뇌며 햇살에 반짝이는 물결을 가슴에 담았다.

화자는 관찰로 감각이 열리면서 상상력을 동원하여 갈대를 자신으로 여기며 대화를 시도하였고 갈대의 음성이 귀에 들렸다. 그리고 갈대에게 자신의 이야길 해주기를 청하고 있다.

② 자아성찰(自我省察)

자아성찰(自我省察)은 자기 자신에 대한 의식이나 관념을 반성하고 살피는 것이다. 내면의 미세하고 부족한 자기 자신을 돌아보고 내가 어떤 사람인지를 알고 자신과 직면해볼 필요가 있다. 「무덤」에서 약은 척하지만 제 꾀에 빠져 꼼짝달싹 못 하고 사면초가로 어리석음을 자초하는 사람들을 향하여 준엄하게 꾸짖고 「산사(山寺)의 밤」에서 풍경소리는 예로부터 좋지 않은 기운을 떨쳐내고 자비심을 불러일으킨다고 생각했다.

「타향살이」에서 화단에 플라타너스 가로수 낙엽이 쌓이는 움직임은 모정이라는 정자 위에 앉은 노인처럼 마음대로 오가지 못하는 형편이다. 「낙화(落花)」에서 꽃이 지면 벌 나비가 끊긴다는 상통하는 바가 크다. 또한 꽃이 지면 이슬만 젖어도 무게를 지탱하지 못한다. 「신기루」에서 신기루인 줄 알면서도 그것을 목표라는 큰 그림으로 그려놓는 모순을 자행하는 우리들의 모습을 조명하고 있다.

삶이 어려웠던 시절
숨 쉬고 마실 수 있는 환경
소중함 모르고 착각했었다

미세먼지 폐수로
오염된 공기와 물
마스크와 생수로 살아야 하는 세상

편리와 물질의 욕망이
히죽히죽 웃으며
대량 소비와 손잡고
뒤에서 무덤을 파고 있다

—「무덤」 전문

이 시 속에 무덤은 송장이나 유골을 묻은 곳이 아니다. 사람들이 살아가는 터전을 잃어가는 아픔이다. 숨 쉬고 마실 수 있는 환경은 당연한 것으로 여겨왔다. 물을 사 먹어야 하고 공기마저 그렇게 될 거라는 건 생각조차 하지 못했던 일이다. 미세먼지로 마스크를 썼던 우리는 코로나19라는 바이러스에 쫓겨 공포에 떨며 실로 어처구니없는 일을 당하고 있다.

편리와 물질의 욕망은 대량소비와 손잡고 모든 자연의 균형을 무너뜨리고 있다. 결국 남는 것은 손을 쓸 수 없는 상황으로 몰려 멸망의 순간을 재촉하는 것이다. 무사안일하게 문명의 발달만 추구하다 밑바탕까지 갉아먹으면서 존재할 자리마저 스스로 버리고 만다.

화자는 인류의 미래를 걱정하면서 약은 척하지만 제 꾀에 빠져 꼼짝달싹 못 하고 사면초가로 어리석음을 자초하는 사람들을 향하여 준엄하게 꾸짖고 있다.

높은 산봉우리 겹겹이 둘려진
깊은 산골 좁아진 하늘

길게 물든 노을 사그라지고
서산에 일찍 해져
산새들이 둥지 찾아 떠나자
비구름 퍼지면서
주위가 무거운 어둠에 눌려
고즈넉한 정적에 휩싸여 갔다

은은히 들리던 독경 소리 끝나
한쪽 귀퉁이에 떨어진 객사
추적추적 내리기 시작한 가랑비에
떨어지는 낙숫물 소리
흘러간 머언 세월 넘어

살포시 떠오르는 님
그리움에 잠 못 이룰 때

한 줄기 스쳐 가는 소슬바람으로
흔들리는 풍경 소리에
나그네는 돌아눕는다

—「산사(山寺)의 밤」 전문

산사(山寺)는 산속에 있는 절이다. 깊은 산골로 들어갈수록 하늘이 좁다. 노을이 사그라지고 산새들이 둥지 찾아 떠나면 주위는 어둠에 눌려 산사의 밤은 고즈넉하다. 산사에 대한 이미지를 만들기 위해 설정한 1연과 2연이다.

무엇을 이야기할 것인가, 공감을 얻기 위해 독자들을 전제된 조건으로 끌어드리고 사찰의 정황을 낱낱이 파헤쳐 밝혀준다. 독경 소리 끝나고, 떨어져 있는 객사 가랑비 낙숫물 소리, 살포시 떠오르는 임 그리움으로 소슬바람이 흔드는 풍경 소리가 잠을 못 이루게 한다.

평범한 사람들이 사는 일반 사회를 벗어나 풍경소리는 예로부터 좋지 않은 기운을 떨쳐내고 자비심을 불러일으킨다고 생각했다. 풍경은 사람들이 마음속에 일렁이는 온갖 잡념과 상념을 가라앉히는 소리로, 그리워해도 좋을 산사(山寺)의 소리로 이 시는 귀결된다.

4층 식당에서 내려다보이는
네모진 유리창 너머
도심 속 작은 휴식 공간

오고가는 행인에 환한 미소를 주는
들국화 피었던 화단에
한 달 두 달 내려앉아 쌓이는

플라타너스 가로수 낙엽
차가워진 서릿바람 볼 때마다
타향살이 서러운데
사진틀 속 그림처럼
마음대로 움직일 수 없이
채워진 족쇄 때문에

갈 곳 없어도 가야하고
오라는 곳 있어도 가지 못하는
모정(茅亭)에 앉아 있는 두 노인
헐벗는 나뭇가지만 바라본다

—「타향살이」 전문

타향살이는 자기 고향이 아닌 다른 고장에서 사는 것이다. 네모진 유리창 너머 작은 휴식 공간은 들국화 피었던 화단, 그곳에 쌓이는 플라타너스 가로수 낙엽을 본다. 추워지면 타향살이 서러운데 사진틀 속에 그림마냥 채워진 족쇄처럼 갈 곳 없어도 가야 하고 오라는 곳 있어도 가지 못하는 정자에 앉은 두 노인 모습이다.

시는 대부분 비유에 의한 묘사라고 볼 수 있다. 매체의 생긴 모습이나 소리, 또는 움직임이 이야기하고자 하는 사람들의 생활과 흡사하기 때문이다. 네모진 유리창 안으로 보이는 들국화 피었던 화단은 같은 모양 네모다. 그 화단에 플라타너스 가로수 낙엽이 쌓이는 움직임은 모정이라는 정자 위에 앉은 노인처럼 마음대로 오가지 못하는 형편이다. 상상력은 결국 타향살이를 주제로 스토리를 구상했던 것이다.

해가 지면 밤이 오듯
꽃이 시들면
한두 마리 벌 나비 찾았다가
빈손으로 떠난 후
발길 끊겨

이슬만 촉촉이 젖어도
무게를 지탱 못 해
바람 없이도 지고 나면

화려했던 지난날 아쉬움도
모두 사라져
남는 것은

메마른 줄기에 매달렸던
흔적이 주는 상처뿐

—「낙화(落花)」 전문

해가 지면 밤이 오고 꽃이 지면 벌 나비 발길 끊겨 이슬만 젖어도 지탱 못 하고 져버린다. 화려했더라도 남는 것은 줄기에 매달렸던 흔적이 주는 상처뿐이다. 해도 꽃도 오래도록 영원하지 않다. 화려함은 사라져 상처만 남는다.

해와 밤, 꽃과 벌 나비의 관계를 통한 전성기와 몰락기를 통한 사람들의 삶을 은유한 기법 표현이 예사롭지 않다. 해가 없으면 밤이 온다는 비유는 꽃이 지면 벌 나비가 끊긴다는 상통하는 바가 크다. 또한 꽃이 지면 이슬만 젖어도 무게를 지탱하지 못한다.

낙화(落花)는 꽃이 시들거나 말라서 떨어짐을 말한다. 메마른 줄기에 매달린 흔적이 주는 상처만 남기는 낙화(落花)는 모든 사물의 최후를 일컫는 대명사다. 감성의 완급조절이나 긴장감을 유지하면서 공감대를 높이고 감동을 주는 데 성공하고 있다.

잡히지 않는 공기처럼
쥐어지지 않는 물처럼
안타까운 마음

끝까지 가려 계속 걷는데
이상도 이하도 아닌 허탈감

석양이 붉게 물들인 지평선
홀연히 나타난 아름다운 궁전
하늘하늘 날리는 옷자락

정신없이 달려가 보니
사라지는 신기루

—「신기루」 전문

사막에서 걷다 지쳐 오아시스인 줄 알고 무작정 가보니 어디론가 사라지고 없었다는 상황처럼 신기루는 아무런 근거나 현실적 토대가 없는 가공의 사물이나 헛된 생각을 비유적으로 이르는 말이다. 허탈하고 안타까운 마음이야 어디에 비길 수 있겠는가.

현실에 적응한다면서 욕심을 버리고 분수껏 살다가도 내가 아닌 남이 되어 아름다운 궁전에 빠져 정신없이 달려가 보니 사라지는 허상, 본연의 자신으로 돌아와 정신을 차렸을 때 느끼는 감성과 뭐가 다를까, 이루어질 수 없는 세상의 꿈들이 갖는 맹점(盲點)이다.

이 시에서는 결론을 먼저 제시하면서 안타까운 심정을 보여주고 뒤를 돌아다보듯 신기루의 본체를 드러내고 있어 더욱 애절한 상황으로 몰고 가는 전략이다. 신기루인 줄 알면서도 그것을 목표라는 큰 그림으로 그려놓는 모순을 자행하는 우리들의 모습을 조명하고 있다.

3. 나오는 글

사람은 유년의 가정교육이 평생을 좌우하는 생활 자세를 갖춘다는 말처럼 정의가 아니면 곁에 가까이 접근을 하지 말라는 조부님의 가르침은 소년기에 이르기까지 엄격하게 뿌리를 내렸다. 그 후 생업으로 지낸 공무원 생활도 청백리로 현실과 이상의 갈등을 이겨내고 꿋꿋하게 살아온 바탕은 투철한 시인 정신을 유감없이 발휘하는 원동력이 되었다.

시집을 발간하기 전에 쓴 많은 시를 모두 담는 것보다는 시집이 다소 얇아진다 해도 나은 것으로 선정해서 독자들에게 보여드리는 것이 좋겠다며 몇 번이고 넣었다 뺐다를 반복하면서 어쭙잖은 글로 민폐를 끼쳐서는 안 된다며 신중을 기했다.

이상구 시인의 시를 읽다 보면 말하고자 하는 내용과 지니고 있는 유사성을 생활 주변의 사물이나 사건을 매체로 선택하여 관찰하고 느끼는 것을 감각을 통해서 비롯된 상상력을 동원하여 많은 대화를 나누었던 것은 곧 자신과의 타협이었다. 기쁜 일이나 어려운 일이 발생하면 그것이 나로 인한 것인지 아닌지를 살폈고 그에 따른 고마움이나 반성을 잊지 않았다.

그리고 평생을 함께했던 부인과 사별 이후 시 창작 속에서 오랜 시간을 만나 회유하면서 스스로를 위로했던 모습은 산업사회로 혼탁해진 이 시대에 메말라가는 정서로는 흔치 않은 휴머니스트로 손꼽을 만할 것이다. 또한 적지 않은 나이에 내 몸을 떠나 자식들과 손자들의 화목과 평안은 아직 남아있는 또 다른 창작의 세계를 열어줄 것이다.

이상구 시인은 멀지도 가깝지도 않은 생활 안에 시 세계를 구축하고 있으며 새롭거나 꾸며지지 않은 일상의 언어 자체를 시어로 선택하고 있어 자연스럽고 독자로 하여금 친숙하게 공감을 얻도록 유도하였다. 이상구 시인의 시집 발간을 축하드리며 시집을 읽으면서 당면과제인 코로나19에 대한 불편함을 잊는 여유로움에 다음 시집에 대한 기대에 가슴이 설레게 한다.

문학세계대표작가선 934

서리꽃

이상구 시집

인쇄 1판 1쇄 2020년 10월 15일
발행 1판 1쇄 2020년 10월 22일

지 은 이 : 이상구
펴 낸 이 : 김천우
펴 낸 곳 : 도서출판 천우
등 록 : 1992. 2. 15. 제1-1307호
주 소 : 서울시 성동구 무학봉28길 6 금용빌딩 2F
전 화 : 02)2298-7661
팩 스 : 02)2298-7665
http://moonhak.wla.or.kr
E-mail : chunwo@hanmail.net

값 10,000원

ISBN 978-89-7954-823-5